EL ARTE Y EL ESPACIO

Martin Heidegger

EL ARTE Y EL ESPACIO

Traducción de
Jesús Adrián Escudero

Herder

Traducción: Jesús Adrián Escudero
Diseño de la cubierta: Michel Tofahrn

© *2007, Vittorio Klostermann, Frankfurt del Meno*
© *2009, Herder Editorial, S.L., Barcelona*

1.ª edición, 4ª impresión, 2024

ISBN: 978-84-254-2646-9

La reproducción total o parcial de esta obra sin el consentimiento expreso
de los titulares del *Copyright* está prohibida al amparo de la legislación vigente.

Imprenta: Liberdúplex
Depósito legal: B-42816-2009
Printed in Spain – Impreso en España

Herder

www.herdereditorial.com

ÍNDICE

Die Kunst und der Raum / El arte y el espacio   9

Aclaraciones 37

Para Eduardo Chillida

*Wenn man viel selbst denkt,
so findet man viele Weisheit
in die Sprache eingetragen.
Es ist wohl nicht wahrscheinlich,
daß man alles selbst hinein trägt,
sondern es liegt wirklich
viel Weisheit darin,
so wie in den Sprichwörtern.*

G. Chr. Lichtenberg

Δοκεῖ δὲ μέγα τι εἶναι καὶ
χαλεπὸν ληφθῆναι ὁ τόπος)

*Es scheint aber etwas Großmächtiges
zu sein und schwer zu fassen,
der Topos – das heißt der Ort-Raum.*

Aristoteles, *Physik*, IV. Buch

*Cuando uno piensa mucho
por sí mismo, encuentra inscrita
mucha sabiduría en el lenguaje cotidiano.
De hecho, no resulta verosímil
que uno introduzca en él todo
por sí mismo, sino que más bien
yace allí mucha sabiduría,
así como en los proverbios.*

G. CHR. LICHTENBERG[1]

Δοκεῖ δὲ μέγα τι εἶναι καὶ
χαλεπὸν ληφθῆναι ὁ τόπος

El topos *—es decir, el espacio-lugar—
parece algo importante
y difícil de captar.*

ARISTÓTELES, *Física* IV[2]

Die Bemerkungen zur Kunst, zum Raum, zum Ineinanderspiel beider bleiben Fragen, auch wenn sie in der Form von Behauptungen sprechen. Sie beschränken sich auf die bildende Kunst und innerhalb ihrer auf die Plastik.

    Die plastischen Gebilde sind Körper. Ihre Masse, aus verschiedenen Stoffen bestehend, ist vielfältig gestaltet. Das Gestalten geschieht im Abgrenzen als Ein- und Ausgrenzen. Hierbei kommt der Raum ins Spiel. Er wird vom plastischen Gebilde besetzt, als geschlossenes, durchbrochenes und leeres Volumen geprägt. Bekannte Sachverhalte und dennoch rätselhaft.

Der plastische Körper verkörpert etwas. Verkörpert er den Raum? Ist die Plastik eine Besitzergreifung vom Raum, eine Beherrschung des Raumes? Ent-

Las observaciones sobre el arte, el espacio y el juego recíproco de ambos no dejan de ser preguntas, por más que se expresen en forma de afirmaciones. Estas preguntas se limitan a las artes figurativas y, dentro de ellas, a la plástica.[3]

Las figuras plásticas son cuerpos. Su masa, compuesta de diferentes materiales, está configurada de múltiples maneras. La configuración acontece en la delimitación, entendida como inclusión y exclusión con respecto a un límite. Aquí es donde entra en juego el espacio. El espacio es ocupado por la figura plástica y queda moldeado como volumen cerrado, perforado y vacío. Cosa bien sabida y, sin embargo, enigmática.

El cuerpo plástico corporeiza[4] algo. ¿Acaso corporeiza el espacio? ¿Se adueña la plástica del espacio? ¿Es la plástica una dominación del espacio? ¿Res-

spricht die Plastik damit der technisch-wissenschaftlichen Eroberung des Raumes?

Als Kunst freilich ist die Plastik eine Auseinandersetzung mit dem künstlerischen Raum. Die Kunst und die wissenschaftliche Technik betrachten und bearbeiten den Raum in verschiedener Absicht auf verschiedene Weise.

Der Raum aber – bleibt er der selbe? Ist es nicht jener Raum, der seit Galilei und Newton seine erste Bestimmung erfahren hat? Der Raum – jenes gleichförmige, an keiner der möglichen Stellen ausgezeichnete, nach jeder Richtung hin gleichwertige, aber sinnlich nicht wahrnehmbare Auseinander?

Der Raum – der inzwischen in steigendem Maße immer hartnäckiger den modernen Menschen zu seiner letzten Beherrschbarkeit herausfordert?

Folgt nicht auch die moderne bildende Kunst dieser Herausforderung, insofern sie sich als eine Auseinandersetzung mit dem Raum versteht? Findet sie sich dadurch nicht in ihrem zeitgemäßen Charakter bestätigt?

ponde entonces la plástica a la conquista tecno-científica del espacio?

Es cierto que, en cuanto arte, la plástica se ve confrontada con el espacio artístico. El arte y la técnica científica consideran y elaboran el espacio con intenciones diversas y de diversas maneras.

Pero el espacio, ¿sigue siendo el mismo? ¿No se trata de aquel espacio que quedó primeramente determinado a partir de Galileo y Newton? El espacio, ¿es esa extensión uniforme, indistinguible en cualquiera de sus posibles ubicaciones, equivalente en todas sus direcciones, pero imperceptible a los sentidos?

El espacio, ¿es aquel que mientras tanto coloca al hombre moderno de una manera cada vez más tenaz ante el desafío de su última posibilidad de dominio?
¿No responden las modernas artes figurativas a este mismo desafío, en la medida en que se entienden a sí mismas como una confrontación con el espacio? ¿No se ven así confirmadas en su carácter contemporáneo?

Doch kann der physikalisch-technisch entworfene Raum, wie immer auch er sich weiterhin bestimmen mag, als der einzig wahre Raum gelten? Sind, mit ihm verglichen, alle anders gefügten Räume, der künstlerische Raum, der Raum des alltäglichen Handelns und Verkehrs, nur subjektiv bedingte Vorformen und Abwandlungen des einen objektiven kosmischen Raumes?

Wie aber, wenn die Objektivität des objektiven Weltraumes unweigerlich das Korrelat der Subjektivität eines Bewußtseins bleibt, das den Zeitaltern fremd war, die der europäischen Neuzeit vorausgingen?

Selbst wenn wir die Verschiedenartigkeit der Raumerfahrungen in den vergangenen Zeitaltern anerkennen, gewinnen wir damit schon einen Einblick in das Eigentümliche des Raumes? Die Frage, was der Raum als Raum sei, ist damit noch nicht gefragt, geschweige denn beantwortet. Unentschieden bleibt, auf welche Weise der Raum *ist* und ob ihm überhaupt ein Sein zugesprochen werden kann.

Ahora bien, como quiera que se determine en lo sucesivo el espacio, ¿puede valer el espacio proyectado en términos técnicos y físicos como el único espacio verdadero? Comparados con él, todos los espacios configurados de otro modo –el espacio artístico, el espacio de la praxis cotidiana y del comercio con la gente– [5], ¿son solamente formas previas y transformaciones subjetivamente condicionadas de un solo espacio cósmico objetivo?

¿Qué sucedería, empero, si la objetividad del espacio cósmico objetivo resultara ser irremisiblemente el correlato de la subjetividad de una conciencia a la que le resultan extrañas las épocas que precedieron a la edad moderna europea?

Y aun cuando reconozcamos la variedad de las experiencias del espacio en épocas pasadas, ¿nos formamos ya con ello una idea [6] del carácter peculiar del espacio? La pregunta de qué es el espacio en cuanto espacio no está planteada, y menos aún contestada. Queda por resolver el modo en que el espacio *es* y si se le puede atribuir en general un ser.

Der Raum – gehört er zu den Urphänomenen, bei deren Gewahrwerden nach einem Wort Goethes den Menschen eine Art von Scheu bis zur Angst überkommt? Denn hinter dem Raum, so will es scheinen, gibt es nichts mehr, worauf er zurückgeführt werden könnte. Vor ihm gibt es kein Ausweichen zu anderem. Das dem Raum Eigentümliche muß sich von ihm selbst her zeigen. Läßt sich sein Eigentümliches noch sagen?

Aus der Not solchen Fragens wird uns das Eingeständnis abverlangt:

Solange wir das Eigentümliche des Raumes nicht erfahren, bleibt auch die Rede von einem künstlerischen Raum dunkel. Die Weise, wie der Raum das Kunstwerk durchwaltet, hängt vorerst im Unbestimmten.

Der Raum, innerhalb dessen das plastische Gebilde wie ein vorhandener Gegenstand vorgefunden werden kann, der Raum, den die Volumen der Figur umschließen, der Raum, der als Leere zwischen den Volumen besteht – sind diese drei Räume in der Einheit

El espacio, ¿pertenece a esos fenómenos primarios que, al ser descubiertos, despiertan en el hombre, según palabras de Goethe, una suerte de espanto que llega a convertirse en angustia? Pues parece que detrás del espacio no hay nada más a lo cual éste pudiera ser reconducido. Y delante de él no hay desvío que lleve a otra cosa. Lo peculiar del espacio tiene que mostrarse a partir de él mismo. ¿Se deja decir todavía su peculiaridad?

Movidos por la necesidad de tal pregunta, nos es preciso confesar:

Mientras no experimentemos la peculiaridad del espacio, el hablar de un espacio artístico también seguirá permaneciendo un asunto oscuro. Queda por de pronto indeterminada la manera en que el espacio atraviesa la obra de arte.

El espacio dentro del cual la figura plástica se puede encontrar de antemano como un objeto presente, el espacio que encierra los volúmenes de la figura, el espacio que subsiste como vacío entre los volúmenes, ¿no son siempre estos tres espacios, en la unidad de su juego

ihres Ineinanderspielens nicht immer nur Abkömmlinge des einen physikalisch-technischen Raumes, auch wenn rechnerische Abmessungen nicht in das künstlerische Gestalten eingreifen dürfen?

Einmal zugestanden, die Kunst sei das Ins-Werk-Bringen der Wahrheit und Wahrheit bedeute die Unverborgenheit des Seins, muß dann nicht im Werk der bildenden Kunst auch der wahre Raum, das, was sein Eigenstes entbirgt, maßgebend werden?

Doch wie können wir das Eigentümliche des Raumes finden? Es gibt einen Notsteg, einen schmalen freilich und schwankenden. Wir versuchen auf die Sprache zu hören. Wovon spricht sie im Wort Raum? Darin spricht das Räumen. Dies meint: roden, die Wildnis freimachen.

Das Räumen erbringt das Freie, das Offene für ein Siedeln und Wohnen des Menschen.

Räumen ist, in sein Eigenes gedacht, Freigabe von Orten, an denen die Schicksale des wohnenden Menschen sich ins Heile einer Heimat oder ins Unheile der Heimatlosigkeit oder gar in die Gleichgültigkeit gegenüber beiden kehren.

recíproco, meros derivados del espacio de la física y de la técnica, aun cuando las mediciones obtenidas a través del cálculo no se puedan aplicar a las figuras artísticas?

Una vez admitido que el arte es el poner-en-obra la verdad y que la verdad designa el desocultamiento del ser, ¿no será entonces preciso que, en la obra de las artes figurativas, sea también el espacio verdadero –es decir, aquello que desoculta lo que le es más propio– el que fije la pauta a seguir?

¿Pero cómo podemos hallar lo peculiar del espacio? Hay una vía de escape, estrecha, sin duda, y vacilante. Intentamos ponernos a la escucha del lenguaje. ¿De qué habla el lenguaje en la palabra «espacio»? En ella habla el espaciar.[7] Espaciar remite a «escardar», «desbrozar una tierra baldía».[8]

El espaciar aporta lo libre, lo abierto para un asentamiento y un habitar del hombre.

Pensado en su propiedad, espaciar es libre donación de lugares, donde los destinos del hombre habitante toman forma en la dicha de poseer una tierra natal[9] o en la desgracia de carecer de una tierra natal, o incluso en la indiferencia respecto a ambas.

Räumen ist Freigabe der Orte, an denen ein Gott erscheint, der Orte, aus denen die Götter entflohen sind, Orte, an denen das Erscheinen des Göttlichen lange zögert.

Räumen erbringt die jeweils ein Wohnen bereitende Ortschaft. Profane Räume sind stets die Privation oft weit zurückliegender sakraler Räume.

Räumen ist Freigabe von Orten.

Im Räumen spricht und verbirgt sich zugleich ein Geschehen. Dieser Charakter des Räumens wird allzu leicht übersehen. Und wenn er gesehen ist, bleibt er immer noch schwer zu bestimmen, vor allem, solange der physikalisch-technische Raum als der Raum gilt, an den sich jede Kennzeichnung des Raumhaften im vorhinein halten soll.

Wie geschieht das Räumen? Ist es nicht das Einräumen und dies wiederum in der zwiefachen Weise des Zulassens und des Einrichtens?

Einmal gibt das Einräumen etwas zu. Es läßt Offenes walten, das unter anderem das Erscheinen anwesender Dinge zuläßt, an die menschliches Wohnen sich verwiesen sieht.

Espaciar es libre donación de los lugares en los que aparece un dios, de los lugares de los que los dioses han huido, lugares en los que el aparecer de lo divino se demora mucho tiempo.

Espaciar aporta la localidad que prepara en cada caso un habitar. Los espacios profanos son siempre la privación de espacios sagrados a menudo muy remotos.

Espaciar es libre donación de lugares.

En el espaciar habla y se oculta a la vez un acontecer. Este carácter del espaciar se pierde de vista con suma facilidad. Y cuando es visto, sigue siendo difícil determinarlo, sobre todo mientras el espacio físico-técnico pase por ser el espacio al que de antemano debe atenerse toda caracterización de lo espacial.

¿Cómo acontece el espaciar? ¿No se trata acaso de un emplazar,[10] entendido a su vez a la doble manera del admitir y del disponer?

Por un lado, el emplazar admite algo. Deja que se despliegue lo abierto, que, entre otras cosas, permite la aparición de las cosas presentes a las cuales se ve remitido el habitar humano.

Zum anderen bereitet das Einräumen den Dingen die Möglichkeit, an ihr jeweiliges Wohin und aus diesem her zueinander zu gehören.

Im zwiefältigen Einräumen geschieht die Gewährnis von Orten. Der Charakter dieses Geschehens ist solches Gewähren. Doch was ist der Ort, wenn sein Eigentümliches sich am Leitfaden des freigebenden Einräumens bestimmen soll?
 Der Ort öffnet jeweils eine Gegend, indem er die Dinge auf das Zusammengehören in ihr versammelt.

Im Ort spielt das Versammeln im Sinne des freigebenden Bergens der Dinge in ihre Gegend.
 Und die Gegend? Die ältere Form des Wortes lautet «Gegnet». Es nennt die freie Weite. Durch sie ist das Offene angehalten, jegliches Ding aufgehen zu lassen in sein Beruhen in ihm selbst. Dies heißt aber zugleich: Verwahren, die Versammlung der Dinge in ihr Zueinandergehören.

Por otro, el emplazar proporciona a las cosas la posibilidad de pertenecerse mutuamente, estando cada una en su respectivo sitio y desde donde se abre a las otras cosas.

La concesión de lugares acontece en esta doble forma de emplazamiento. El carácter de este acontecer es el de dicho conceder. Con todo, ¿qué es el lugar, si su peculiaridad se tiene que determinar al hilo de un emplazamiento que deja en libertad?

El lugar abre en cada caso una comarca, en cuanto que congrega dentro de ella las cosas en su mutua pertenencia.

En el lugar entra en juego el congregar, entendido en el sentido del albergar que deja libres a las cosas en su comarca.

¿Y la comarca? La forma más antigua de la palabra es «contrada».[11] La palabra da nombre a la libre vastedad. Por ella lo abierto se ve solicitado a dejar que toda cosa se abra en su reposar en ella misma. Pero esto significa al mismo tiempo: preservación, congregación de las cosas en su copertenencia.

Die Frage regt sich: Sind die Orte erst und nur das Ergebnis und die Folge des Einräumens? Oder empfängt das Einräumen sein Eigentümliches aus dem Walten der versammelnden Orte? Träfe dies zu, dann müßten wir das Eigentümliche des Räumens in der Gründung von Ortschaft suchen, müßten die Ortschaft als das Zusammenspiel von Orten bedenken.

Wir müßten darauf achten, daß und wie dieses Spiel aus der freien Weite der Gegend die Verweisung in das Zusammengehören der Dinge empfängt.
   Wir müßten erkennen lernen, daß die Dinge selbst die Orte sind und nicht nur an einen Ort gehören.

In diesem Falle wären wir auf lange Zeit hinaus genötigt, einen befremdenden Sachverhalt hinzunehmen: Der Ort befindet sich nicht im vorgegebenen Raum nach der Art des physikalisch-technischen Raumes. Dieser entfaltet sich erst aus dem Walten von Orten einer Gegend.

Surge entonces la pregunta: ¿son los lugares sola y primeramente resultado y consecuencia del emplazar? ¿O recibe el emplazar su peculiaridad a partir del obrar de los lugares congregantes? Si esto fuera así, tendríamos que buscar lo peculiar del espaciar en la fundación de la localidad, y pensar la localidad como juego interactivo de lugares.

Tendríamos que prestar atención al hecho y a la manera en que este juego está remitido a la copertenencia de las cosas a partir de la libre vastedad de la comarca.

Tendríamos que aprender a reconocer que las cosas mismas son los lugares y que no se limitan a pertenecer a un lugar.

En este caso, nos veríamos abocados a la tarea, de vasto alcance, de tomar en consideración un hecho extraño: el lugar no se encuentra en un espacio ya dado de antemano, a la manera del espacio de la física y de la técnica. Este espacio se despliega sólo a partir del obrar de los lugares de una comarca.

Das Ineinanderspiel von Kunst und Raum müßte aus der Erfahrung von Ort und Gegend bedacht werden.

Die Kunst als Plastik: Keine Besitzergreifung des Raumes. Die Plastik wäre keine Auseinandersetzung mit dem Raum.

Die Plastik wäre die Verkörperung von Orten, die, eine Gegend öffnend und sie verwahrend, ein Freies um sich versammelt halten, das ein Verweilen gewährt den jeweiligen Dingen und ein Wohnen dem Menschen inmitten der Dinge.

Was wird, wenn es so steht, aus dem Volumen der plastischen, jeweils einen Ort verkörpernden Gebilde? Vermutlich wird es nicht mehr Räume gegeneinander abgrenzen, in denen Flächen ein Innen gegen ein Außen umwinden.

Das mit dem Wort Volumen Genannte müßte seinen Namen verlieren, dessen Bedeutung nur so alt ist wie die neuzeitliche technische Naturwissenschaft.

Habría que pensar el juego de entrelazamiento de arte y espacio a partir de la experiencia del lugar y de la comarca.

El arte como plástica: no una toma de posesión del espacio. La plástica no sería una confrontación con el espacio.

La plástica sería una corporeización de lugares que, al abrir una comarca y preservarla, mantienen reunido en torno a sí un ámbito libre que confiere a las cosas una permanencia y procura a los hombres un habitar en medio de las cosas.

Si esto es así, ¿qué hay del volumen de las figuras plásticas que corporeizan en cada caso un lugar? Presumiblemente, no se trate ya de una delimitación recíproca de espacios, en las que las superficies envuelven un interior opuesto a un exterior.

Lo denominado con la palabra «volumen», cuyo significado es tan antiguo como la moderna ciencia técnica de la naturaleza, debería perder su nombre.

Die Orte suchenden und Orte bildenden Charaktere der plastischen Verkörperung blieben zunächst namenlos.

Und was würde aus der Leere des Raumes? Oft genug erscheint sie nur als ein Mangel. Die Leere gilt dann als das Fehlen einer Ausfüllung von Hohl- und Zwischenräumen.

Vermutlich ist jedoch die Leere gerade mit dem Eigentümlichen des Ortes verschwistert und darum kein Fehlen, sondern ein Hervorbringen.
 Wiederum kann uns die Sprache einen Wink geben. Im Zeitwort «leeren» spricht das «Lesen» im ursprünglichen Sinne des Versammelns, das im Ort waltet.
 Das Glas leeren heißt: es als das Fassende in sein Freigewordenes versammeln.
 Die aufgelesenen Früchte in einen Korb leeren heißt: ihnen diesen Ort bereiten.
 Die Leere ist nicht nichts. Sie ist auch kein Mangel. In der plastischen Verkörperung spielt die Leere in der Weise des suchend-entwerfenden Stiftens von Orten.

Los caracteres que buscan y configuran lugares de la corporeización plástica quedan de momento sin nombre.

¿Y qué sería del vacío del espacio? Con demasiada frecuencia, el vacío aparece tan sólo como una falta. El vacío pasa entonces por una falta de algo que llene los espacios huecos y los intersticios.

Sin embargo, el vacío está presumiblemente hermanado con el carácter peculiar del lugar y, por ello, no es un echar en falta, sino un producir.[12]
    De nuevo, el lenguaje nos puede dar un indicio. En el verbo *leeren* [«vaciar»] habla el *lesen* [«leer»], en el sentido original del reunir que obra en el lugar.
    Vaciar el vaso quiere decir: reunirlo, como lo continente, en su haber llegado a ser libre.
    Vaciar los frutos recolectados en un cesto quiere decir: prepararles este lugar.
    El vacío no es nada. Tampoco es una falta. En la corporeización plástica el vacío juega a la manera de un instituir que busca y proyecta lugares.

Die vorstehenden Bemerkungen reichen gewiß nicht so weit, daß sie schon das Eigentümliche der Plastik als einer Art der bildenden Kunst in der genügenden Deutlichkeit zeigen. Die Plastik: ein verkörperndes Ins-Werk-Bringen von Orten und mit diesen ein Eröffnen von Gegenden möglichen Wohnens der Menschen, möglichen Verweilens der sie umgebenden, sie angehenden Dinge.

Die Plastik: die Verkörperung der Wahrheit des Seins in ihrem Orte stiftenden Werk.

Schon ein vorsichtiger Einblick in das Eigentümliche dieser Kunst läßt vermuten, daß die Wahrheit als die Unverborgenheit des Seins nicht notwendig auf Verkörperung angewiesen ist.

Goethe sagt: »Es ist nicht immer nötig, daß das Wahre sich verkörpere; schon genug, wenn es geistig umherschwebt und Übereinstimmung bewirkt, wenn es wie Glockenton ernst-freundlich durch die Lüfte wogt.«

Las observaciones precedentes no llegan ciertamente tan lejos como para mostrar con suficiente claridad lo peculiar de la plástica entendida como un género de las artes figurativas. La plástica: un poner-en-obra que corporeiza lugares y que, con éstos, permite que se abran las comarcas de un posible habitar humano y las comarcas de un posible permanecer las cosas que circundan y atañen a los hombres.

La plástica: la corporeización de la verdad del ser en la obra que instaura lugares.

Un examen atento de lo peculiar de este arte permite suponer que la verdad, entendida como desocultamiento del ser, no está necesariamente obligada a tomar forma corpórea.

Goethe dice: «No es siempre necesario que lo verdadero tome cuerpo; basta con que se expanda espiritualmente y provoque armonía; al igual que el son de las campanas, basta con que se agite por los aires con solemne jovialidad».[13]

Zur Kunst:

Holzwege 1950, Der Ursprung des Kunstwerkes. [GA Bd. 5, S. 1-74, der Text entspricht der erweiterten und leicht überarbeiteten Fassung der Reclam-Ausgabe]
Vorträge und Aufsätze 1954, »... dichterisch wohnt der Mensch ...«. [GA Bd. 7, S. 189-208]

Zum Raum:

Sein und Zeit 1927 §§ 22-24, Die Räumlichkeit des Daseins. [GA Bd. 2]
Vorträge und Aufsätze 1954, Bauen Wohnen Denken. [GA Bd. 7, S. 145-164]
Gelassenheit 1959, Aus einem Feldweggespräch über das Denken. [GA Bd. 77, S. 105-157]

Sobre el arte:

Holzwege (1950), «Der Ursprung des Kunstwerkes», ampliada en Reclams Universalbibliothek, n°. 8446/47 1960 (trad. cast. de Helena Cortés y Arturo Leyte, «El origen de la obra de arte», en: *Caminos de bosque*, Alianza, Madrid, 1998, pp. 11-62).
Vorträge und Aufsätze (1954), «Dichterisch wohnet der Mensch» (trad. cast. de Eustaquio Barjau, «Poéticamente habita el hombre...», en: *Conferencias y artículos*, Serbal, Barcelona, 1994, pp. 163-178).

Sobre el espacio:

Sein und Zeit (1927), §§ 22-24, «Die Räumlichkeit des Daseins» (trad. cast. de Jorge Eduardo Rivera, «La espacialidad del Dasein» (§§ 22-24) en: *Ser y tiempo*, Trotta, Madrid, 2003, pp. 127-138).
Vorträge und Aufsätze (1954), «Bauen – Wohnen – Denken» (trad. cast. de Eustaquio Barjau, «Construir, habitar, pensar», en: *Conferencias y artículos*, Serbal, Barcelona, 1994, pp. 127-142).
Gelassenheit (1959), «Aus dem Feldweggespräch über das Denken» (trad. cast. de Yves Zimmermann, «De un diálogo sobre el pensamiento en un camino de campo», en: *Serenidad*, Serbal, Barcelona, 1989, pp. 31-82).

ACLARACIONES

El breve ensayo de Heidegger *El arte y el espacio* apareció por primera vez en otoño de 1969 en una edición limitada de 150 ejemplares para bibliófilos elaborada por la Erker-Presse, un taller gráfico perteneciente a la célebre galería Erker, de St. Gallen, centro artístico que dio lugar a numerosos encuentros entre escritores, pensadores y artistas que desembocaron en insólitas colaboraciones artísticas. Una de ellas fue la mencionada edición, que presentó el texto de Martin Heidegger junto a obras de Eduardo Chillida, al que el filósofo había conocido un año atrás con ocasión de uno de esos encuentros y al que le unía desde entonces una amistad intelectual. La obra contenía un disco con la grabación del texto leído por el propio Heidegger y su manuscrito original en litografía escrito por el filósofo sobre pizarra de Solnhofen. Asimismo, el texto venía acompañado de siete *litho-collages* del escultor vasco, los cuales, lamentablemente, no se pueden reproducir en la presente edición. Cinco de ellos se presentaron en octubre de 1972 en la revista *Die Kunst und das schöne Heim*. Pocas semanas después, la Erker-Verlag, editorial vinculada igualmente a la galería Erker,

publicó el texto alemán con la traducción francesa de Jean Beaufret y François Fédier, pero sin los *litho-collages* de Chillida (en M. Heidegger, *Die Kunst und der Raum. L'art et l'espace*, Erker-Verlag, St. Gallen, 1969).

La presente edición se ha realizado a partir del texto aparecido en la editorial alemana Vittorio Klostermann (en M. Heidegger, *Die Kunst und der Raum. L'art et l'espace*, Vittorio Klostermann, Frankfurt del Meno, 2007). Y se ve complementada por un breve apartado de notas aclaratorias, que comenta el particular significado de algunos de los conceptos clave de este texto.

Por otra parte, en la actualidad se pueden consultar diferentes traducciones del mismo: la traducción francesa anteriormente citada de Jean Beaufret y François Fédier, que se incorporó a la edición bilingüe publicada por la Erker-Verlag (en M. Heidegger, *Die Kunst und der Raum. L'art et l'espace*, Erker-Verlag, St. Gallen, 1969, pp. 15-26), la inglesa de Charles H. Seibert (en M. Heidegger, «Art and space», en *Man and World* 6, n.º 1, 1973, pp. 3-8) y la italiana de Carlo Angelino en edición bilingüe (en M. Heidegger, *L'arte e lo spazio*, Il Melangolo, Génova, 1979 [reeditada en 1997]).

En castellano disponemos de tres diferentes traducciones: la de Tulia de Dross, publicada en la revista colombiana *Eco* (tomo 122, 1970, pp. 113-120), la

de Kosme María de Barañano, incluida en su libro *Chillida – Heidegger – Husserl. El concepto de espacio en la filosofía y la plástica del siglo XX* (Universidad del País Vasco, 1990, pp. 41-67) y la de Mercedes Sarabia, aparecida en la reciente edición trilingüe en alemán, castellano y euskera, que, además de venir acompañada de una introducción y un valioso apartado de notas aclaratorias elaborados por Félix Duque, incluye la conferencia «Observaciones relativas al arte – la plástica – el espacio», que el propio Heidegger leyó en la galería Erker de St. Gallen en 1964 (en M. Heidegger, *Bemerkungen zu Kunst – Plastik – Raum / Observaciones relativas al arte – la plástica – el espacio / Oharkizunak arteari, plastikari eta espazioari buruz. Die Kunst und der Raum / El arte y el espacio / Artea eta espazioa*, Universidad Pública de Navarra, Pamplona, 2003, pp. 113-138).

Notas

1) G. Chr. Lichtenberg, *Einfälle und Bemerkungen* (Cuaderno J, 1789-1793, N.º 424), en: *Lichtenbergs Werke in einem Band*, Weimar y Berlín, 1982, p. 131. En el caso del término alemán *Sprache* utilizado por Lichtenberg, hemos optado por la expresión «lenguaje cotidiano» en vez de la traducción más corriente de «len-guaje». También se podría haber elegido el término «habla», sobre todo atendiendo a la diferencia fundamental que Heidegger establece entre *Sprache* («lenguaje»), entendido como un sistema de sig-

nos que transmite conte-nidos proposicionales, y *Rede* («habla», «discurso»), como fundamento ontológico del lenguaje y, especialmente, como un fenómeno de la vida humana que destaca por sus componentes dialógicos, comunicativos y expresivos. En cualquier caso, la idea a retener es que la sabiduría popular contenida en los refranes y los proverbios forma parte del lenguaje ordinario, del habla cotidiana.

2) Aristóteles, *Física* IV, 212a8 (trad. cast. de Guillermo R. de Echandía, *Física*, Gredos, Madrid, 1995, p. 239).

3) El término alemán *Plastik* se puede traducir tanto por «escultura» como por «plástica». Con todo, en alemán se distingue entre *Bildhauerei* y *Plastik*, es decir, entre lo que podemos llamar escultura en el sentido tradicional y escultura no figurativa (como, por ejemplo, la del mismo Chillida). La plástica, a diferencia del arte de esculpir figuras, se entiende preferentemente en el sentido de la actividad que da forma a una masa.

4) *Verkörpern* significa «dar cuerpo», «dar forma corpórea a», «corporeizar», incluso «materializar» y «encarnar». En función de la frase traducimos por «corporeizar» y «dar cuerpo». En este caso, se recurre a la expresión «corporeizar» para evitar la repetición de la palabra «cuerpo» en la misma frase.

5) Aquí traducimos *Verkehr* por «comercio» en el sentido antiguo de «trato de la gente entre sí» y *alltägliches Handeln*, por «praxis cotidiana». Ambas expresiones indican dos formas de estar en el mundo. La primera recoge la idea heideggeriana de que en nuestra relación con el mundo nos las tenemos que ver con los otros en el ámbito del mundo compartido (*Mitwelt*), mientras que la segunda señala el tipo de comportamiento eminentemente práctico ligado a las circunstancias y al trato de las cosas que forman parte del mundo circundante (*Umwelt*).

6) Hemos traducido la expresión alemana *einen Einblick gewinnen* por «formarse una idea (de algo)». El Heidegger tardío insiste en diferentes escritos en la diferencia entre *Einblick* y *Einsicht* (véanse, por ejemplo, las conocidas conferencias de Bremen de 1949 intituladas *Einblick in das, was ist* [«Mirada en lo que es»] y en la conferencia de 1954 *Wissenschaft und Besinnung* [«Ciencia y meditación»], recogida en el volumen *Vorträge und Aufsätze* [*Conferencias y artículos*]). La *Einsicht* («intelección», «conocimiento de causa», «penetración») de la realidad que se logra por medio de la *Betrachtung* («observación») propia del pensamiento moderno de la subjetividad contrasta con el *Einblick* («mirada», «examen rápido y momentáneo», «obtener una mirada») de la verdadera naturaleza de las cosas, algo que sólo se alcanza por medio de una serena meditación que renuncia a la voluntad de conocimiento y control del sujeto para entregarse simplemente a lo que es.

7) El verbo *räumen* significa «espaciar», «despejar», «abrir camino», «quitar del paso». Evidentemente, en el contexto de la presente discusión en torno al arte y el espacio optamos por «espaciar». Asimismo, es importante tener presente la particular noción de espacio (*Raum*) y de espacialidad (*Räumlichkeit*) que maneja Heidegger. Para él, el espacio no es una magnitud en la que están contenidos todos los cuerpos en un mismo tiempo, sino un elemento constitutivo del mundo. Cuando Heidegger habla de espacio piensa primariamente en un espacio entendido en términos existenciarios y no físicos; en otras palabras, se trata de un espacio vital, pragmático, significativo y público que remite al ámbito de acción en el que se desarrollan las actividades de la vida cotidiana. Se trata, por tanto, de un espacio que se diferencia del espacio geométrico, físico, cuantitativo y homogéneo, en el que simplemente medimos la distancia de los objetos. De esta manera, Heidegger invierte el planteamiento del problema del espacio: el espacio no se representa, sino que se *hace*, se *produce*. Nosotros mismos somos espacio, estamos hechos de espacio, hacemos espacio, en definitiva, espaciamos. En el marco de la analítica de la existencia humana que Heidegger lleva a cabo en *Ser y tiempo*, se sostiene que la espacialidad del Dasein es la condición de posibilidad del espacio. En la medida en que el Dasein es estar-en-el-mundo, es él quien abre y da espacio (*Raum geben*) para el ser de los entes intramundanos. Una vez los entes han encontrado su espacio, podemos abstraerlos del uso pragmático que

determina su lugar. Los lugares se reducen entonces a una multiplicidad de posiciones aleatorias que ahora pueden ser medidas. En contraste con la tradición filosófica, el espacio y el tiempo no son sintetizados a partir del flujo de experiencias internas nacidas aquí y ahora y ancladas en el yo, sino que tienen una estructura pública en la que cada ente posee un lugar propio y desempeña una función concreta. Como se afirma en *Ser y tiempo*, «el espacio no está en el sujeto, ni el mundo está en el espacio. El espacio está, más bien, "en" el mundo, en la medida en que el estar-en-el-mundo, constitutivo del Dasein, ha abierto el espacio» (M. Heidegger, *Sein und Zeit*, Max Niemeyer Verlag, Tubinga, [16]1986, p. 111). La espacialidad propia del Dasein presenta los modos de ser del des-alejamiento (*Ent-fernung*) y de la direccionalidad (*Ausrichtung*). Es precisamente el Dasein el que en su actividad pragmática des-aleja en función del uso que hace de los útiles y de la dirección en la que se mueve la ocupación circunspectiva.

8) La expresión *die Wildnis freimachen* remite al trabajo rural de «desbrozar una tierra baldía», de «limpiar un terreno estéril y yermo», de «eliminar las malas hierbas del campo», incluso de «limpiar el bosque». Por otra parte, el verbo *roden* puede traducirse tanto por «escardar» (en el sentido de «arrancar los cardos y las malas hierbas de los campos cultivados») como por «rozar» (es decir, «limpiar un terreno de mata y hierbas para labrarlo»).

9) En alemán se distingue con cierta claridad entre la expresión de *Heimat* («lugar de nacimiento») o *Heimatland* («tierra natal», «país natal») y el término más político de *Vaterland* («patria»). *Heimat* remite a la raíz de *Heim*, que en el alto alemán medio significa *Haus* («casal», «hogar»), *Wohnung* («vivienda», «morada»), *Siedlung* («poblado», «población»). Obviamente, Heidegger tiene presente esta noción de *Heimat* que etimológicamente indica «el ámbito geográfico del que uno procede y en el que se siente como en casa» (G. Köbler, *Deutsches Etymologisches Wörterbuch*, Kroner Verlag, Stuttgart, p. 185).

10) Además de «confesar», «admitir», «conceder» o «con-venir», *einräumen* significa también «colocar (en su lugar)», «disponer», «emplazar». Atendiendo a la raíz de -*raum* también se podría hablar de «dejar espacio», «hacer sitio». En nuestro caso hemos preferido la opción «emplazar» en el sentido de «atribuir a una cosa cierto emplazamiento o lugar».

11) La etimología *Gegend-Gegnet* aparece ya en el escrito "De un diálogo sobre el pensamiento en un camino de campo", publicado en 1959 en *Serenidad* (libro, por cierto, que el propio Heidegger cita al final de este texto). Siguiendo la sugerencia de Félix Duque (véase «Notas a *El arte y el espacio*», en: M. Heidegger, *El arte y el espacio* y *Observaciones relativas al arte*, Universidad Pública de Navarra, Pamplona, 2003, pp. 139-140), adoptamos el arcaísmo de «contrada» utilizado por Yves Zimmermann

en su versión de *Serenidad* (Serbal, Barcelona, 1989) para traducir el término alemán de *Gegnet*. Según el *Diccionario de uso del español* de María Moliner, «contrada» significa «región que se extiende delante de uno». En términos heideggerianos podríamos hablar de la apertura de la *Gegend* (de la «comarca», del «terreno», del «paraje», de la «región») en la que habitamos y en la que nos salen al encuentro las cosas y las personas que nos circundan.

12) Traducimos *hervorbringen* por «producir». Lo que resulta realmente interesante y sugestivo desde la perspectiva escultórica es la idea de que el vacío produce, engendra, articula, crea, asigna espacios, de que el vacío actúa sobre el modo de establecer los lugares, de que da lugar a entornos hasta entonces desconocidos. Así, por ejemplo, el vacío de las esculturas hace el lugar o, más exactamente, es el lugar. El lugar (*Ort*) no existe antes que las esculturas; éstas no se construyen en un lugar, sino que ellas producen el lugar. En su simplicidad, la escultura –como la de Chillida– instaura un nuevo concepto de espacio plástico, entendido no como superficie que envuelve unos lugares dados, sino como algo generado por la peculiar interrelación o, como señala el texto heideggerianao, por la congregación de otros lugares.

13) Goethe, *Maximen und Reflexionen*, n°. 466, en: *Artemis-Gedenkausgabe der Werke, Briefe und Gespräche*, DTV Dünndruck, Zúrich y Stuttgart, 1948, pp. 557s.